AF321373

EMILE VERHAEREN

LES HEURES DU SOIR

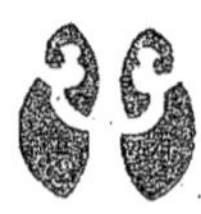

LEIPZIG
INSEL-VERLAG
1911

A

CELLE

QUI VIT

A

MES CÔTÉS

I

Des fleurs fines et mousseuses comme l'écume
 Poussaient au bord de nos chemins;
Le vent tombait et l'air semblait frôler tes mains
 Et tes cheveux avec des plumes.

L'ombre était bienveillante à nos pas réunis
 En leur marche, sous le feuillage;
Une chanson d'enfant nous venait d'un village
 Et remplissait tout l'infini.

Nos étangs s'étalaient dans leur splendeur d'automne
 Sous la garde des longs roseaux,
Et le beau front des bois réflétait dans les eaux
 Sa haute et flexible couronne.

Et tous les deux, sachant que nos cœurs formulaient
 Ensemble une même pensée,
Nous songions que c'était notre vie apaisée
 Que ce beau soir nous dévoilait.

Une suprême fois, tu vis le ciel en fête
 Se parer et nous dire adieu;
Et longtemps et longtemps tu lui donnas tes yeux
 Pleins jusqu'aux bords de tendresses muettes.

II

S'il était vrai
Qu'une fleur des jardins ou qu'un arbre des prés
Pût conserver quelque mémoire
Des amants d'autrefois qui les ont admirés
Dans leur fraicheur ou dans leur gloire,
Notre amour s'en viendrait
En cette heure du long regret
Confier à la rose ou dresser dans le chêne
Sa douceur ou sa force avant la mort prochaine.

Il survivrait ainsi,
Vainqueur du funèbre souci,
Dans la tranquille apothéose
Que lui feraient les simples choses;
Il jouirait encor de la pure clarté,
Qu'incline sur la vie une aurore d'été
Et de la douce pluie aux feuilles suspendue.

Et si par un beau soir, du fond de l'étendue
S'en venait quelque couple en se tenant les mains,
Le chêne allongerait jusque sur leur chemin
Son ombre large et puissante, telle qu'une aile,
Et la rose leur enverrait son parfum frêle.

III

La glycine est fanée et morte est l'aubépine;
Mais voici la saison de la bruyère en fleur
Et par ce soir si calme et doux, le vent frôleur
T'apporte les parfums de la pauvre Campine.

Aime et respire les, en songeant à son sort:
Sa terre est nue et rêche et le vent y guerroie;
La mare y fait ses trous, le sable en fait sa proie
Et le peu qu'on lui laisse, elle le donne encor.

En Automne, jadis, nous avons vécu d'elle,
De sa plaine et ses bois, de sa pluie et son ciel,
Jusqu'en décembre où les anges de la Noël
Traversaient sa légende avec leurs grands coups d'aile.

Ton cœur s'y fit plus sûr, plus simple et plus humain;
Nous y avons aimé les gens des vieux villages,
Et les femmes qui nous parlaient de leur grand âge
Et de rouets déchus qu'avaient usés leurs mains.

Notre calme maison dans la lande brumeuse
Était claire aux regards et facile à l'accueil;
Son toit nous était cher et sa porte et son seuil
Et son âtre noirci par la tourbe fumeuse.

Quand la nuit étalait sa totale splendeur
Sur l'innombrable et pâle et vaste somnolence,
Nous y avons reçu des leçons du silence
Dont notre âme jamais n'a oublié l'ardeur.

A nous sentir plus seuls dans la plaine profonde
Les aubes et les soirs pénétraient plus en nous;
Nos yeux étaient plus francs, nos cœurs étaient plus doux
Et remplis jusqu'aux bords de la ferveur du monde.

Nous trouvions le bonheur en ne l'exigeant pas;
La tristesse des jours même nous était bonne
Et le peu de soleil de cette fin d'automne
Nous charmait d'autant plus qu'il semblait faible et las.

La glycine est fanée, et morte est l'aubépine;
Mais voici la saison, de la bruyère en fleur
Ressouviens-toi, ce soir, et laisse au vent frôleur
T'apporter les parfums de la pauvre Campine.

IV

Mets ta chaise près de la mienne
Et tends les mains vers le foyer
Pour que je voie entre tes doigts
La flamme ancienne
Flamboyer;
Et regarde le feu
Tranquillement, avec tes yeux
Qui n'ont peur d'aucune lumière,
Pour qu'ils me soient encor plus francs
Quand un rayon rapide et fulgurant
Jusques au fond de toi les frappe et les éclaire.

Oh que notre heure est belle et jeune encor
Quand l'horloge résonne avec son timbre d'or
Et que me rapprochant je te frôle et te touche
Et qu'une lente et douce fièvre
Que nul de nous ne désire apaiser
Conduit le sûr et merveilleux baiser
Des mains jusques au front, et du front jusqu'aux lèvres.

Comme je t'aime alors, ma claire bien-aimée,
Dans ta chair accueillante et doucement pâmée
Qui m'entoure à son tour et me fond dans sa joie!
Tout me devient plus cher, et ta bouche et tes bras
Et tes seins bienveillants où mon pauvre front las
Après l'instant de plaisir fou que tu m'octroies
Tranquillement, près de ton cœur, reposera.

Car je t'aime encor mieux après l'heure charnelle
Quand ta bonté encor plus sûre et maternelle

Fait succéder le repos tendre à l'âpre ardeur
Et qu'après le désir criant sa violence
J'entends se rapprocher le régulier bonheur
Avec des pas si doux qu'ils ne sont que silence.

V

Sois nous propice et consolante encor, lumière,
Pâle clarté d'hiver qui baignera nos fronts
Quand tous les deux, l'après-midi, nous nous rendrons
Respirer au jardin une tiédeur dernière.

Nous t'aimâmes, jadis, avec un tel orgueil,
Avec un tel amour bondissant de notre âme
Qu'une suprême et douce et bienveillante flamme
Nous est due à cette heure où nous attend le deuil.

Tu es celle que nul homme jamais n'oublie
Du jour que tu frappas ses bras victorieux
Et que le soir venu tu dormis en ses yeux
Avec ta splendeur morte et ta force abolie.

Et tu nous fus toujours la visible ferveur
Qui partout répandue et partout rayonnante
En des fièvres d'ardeur profonde et lancinante
Semblait vers l'infini partir de notre cœur,

VI

Hélas! les temps sont loin des phlox incarnadins
Et des roses d'orgueil illuminant ses portes,
Mais si fané soit-il et si flétri — qu'importe —
Je l'aime encor de tout mon cœur, notre jardin.

Sa détresse parfois m'est plus chère et plus douce
Que ne m'était sa joie aux jours brûlants d'été;
Oh le dernier parfum lentement éventé
Par sa dernière fleur sur ses dernières mousses!

Je me suis égaré, ce soir, en ses détours
Pour toucher de mes doigts fervents toutes ses plantes;
Et tombant à genoux, parmi l'herbe tremblante
J'ai longuement baisé son sol humide et lourd.

Et maintenant qu'il meure et maintenant que viennent
Et s'étendent partout et la brume et la nuit,
Mon être est comme entré dans sa ruine à lui
Et j'apprendrai ma mort en comprenant la sienne.

VII

Le soir tombe, la lune est d'or.

Avant la fin de la journée
Va-t-en gaîment jusqu'au jardin
Cueillir avec tes douces mains
Les quelques fleurs qui n'y sont point encor
Tristement, vers la terre, inclinées.

Que leur feuillage soit déjà blême, qu'importe!
Je les admire et tu les aimes
Et leurs corolles sont quand même
Belles, sur les tiges qui les portent.

Et tu t'en es allée au loin parmi les buis
Au long d'un chemin monotone
Et le bouquet que tu cueillis
Tremble en ta main et tout à coup frissonne;
Et voici que tes doigts songeurs
Pieusement, rassemblent les lueurs
De ces roses d'automne
Et les tressent avec des pleurs
En une pâle et claire et flexible couronne.

La dernière lumière a éclairé tes yeux
Et ton long pas s'est fait triste et silencieux.

Et lentement, à la vesprée,
Les mains vides, tu es rentrée,
Abandonnant non loin de notre porte,
Sur un tertre humide et bas,
Le cercle blanc qu'avaient formé tes doigts.

15

Et j'ai compris alors que dans le jardin las
Où vont passer les vents ainsi que des cohortes
Tu as voulu fleurir, une dernière fois,
Notre jeunesse qui repose là,
Morte.

VIII

Lorsque ta main confie, un soir des mois torpides,
Au cellier odorant les fruits de ton verger,
Il me semble te voir avec calme ranger
Nos anciens souvenirs parfumés et sapides.

Et le goût m'en revient tel qu'il passa jadis
Dans l'or et le soleil et le vent sur mes lèvres;
Et je revis alors mille instants abolis
Et leur joie et leur rire et leurs cris et leurs fièvres.

Le passé ressuscite avec un tel désir
D'être encor le présent et sa vie et sa force,
Que les feux mal éteints brûlent soudain mon torse,
Et que mon cœur exulte au point d'en défaillir.

O beaux fruits lumineux en ces ombres d'automne,
Joyaux tombés du collier lourd des étés roux,
Splendeurs illuminant nos heures monotones
Quel ample et rouge éveil vous suscitez en nous!

IX

Et maintenant que sont tombés les hauts feuillages
Qui tenaient le jardin sous leur ombre abrité,
On voit, à travers le branchage à nu, monter
Là-bas, vers l'horizon, les toits des vieux villages.

Tant que l'été darda sa joie, aucun de nous
Ne les a vus groupés non loin de notre porte;
Mais aujourd'hui que fleurs et que feuilles sont mortes
Nous y songeons souvent avec des pensers doux.

D'autres gens vivent là, entre des murs de pierre,
Derrière un seuil usé que protège un auvent,
N'ayant pour seuls amis que la pluie et le vent
Et la lampe dont luit l'amicale lumière.

Dans l'ombre, au soir tombant, quand s'éveille le feu
Et que se tait l'horloge où le temps se balance
Autant que nous, sans doute, ils aiment le silence
Pour se sentir penser au travers de leurs yeux.

Rien ne trouble ni pour eux ni pour nous ces heures
De profonde et tranquille et tendre intimité
Où l'on bénit l'instant qui fut d'avoir été
Et dont celle qui vient est toujours la meilleure.

Dites, comme eux aussi serrent l'ancien bonheur
Fait de peine et de joie, entre leurs mains qui tremblent;
Ils connaissent leurs corps qui ont vieilli ensemble
Et leurs regards usés par les mêmes douleurs.

Les roses de leur vie, ils les aiment fanées
Avec leur gloire morte et leur dernier parfum
Et le lourd souvenir de leur éclat défunt
Se frippant, feuille à feuille, au jardin des années.

Contre le noir hiver ainsi que des reclus
Ils se tiennent blottis dans leur ferveur humaine,
Et rien ne les abat et rien ne les amène
A se plaindre des jours qu'ils ne possèdent plus.

Oh! les tranquilles gens au fond des vieux villages!
Dites, les sentons-nous voisins de notre cœur!
Et combien, dans leurs yeux, retrouvons-nous nos pleurs
Et notre force et notre ardeur dans leur courage!

Ils sont là, sous leur toit, assis autour des feux
Ou s'attardant parfois au bord de leur fenêtre;
Et par ce soir de vent ample et flottant, peut-être
Ont-ils pensé de nous ce que nous pensons d'eux.

X

Quand le ciel étoilé couvre notre demeure
   Nous nous taisons durant des heures
   Devant son feu intense et doux
Pour nous sentir plus fervement, émus de nous.

Les grands astres d'argent tracent là-haut leur route;
   Sous les flammes et les lueurs
   La nuit étend ses profondeurs
Et le calme est si grand que l'océan l'écoute!

Mais qu'importe que se taise même la mer,
   Si dans l'espace immense et clair
   Plein d'invisible violence
Nos cœurs battent si fort qu'ils font tout le silence?

Avec le même amour que tu me fus jadis
Un jardin de splendeur dont les mouvants taillis
Ombraient les longs gazons et les roses dociles,
Tu m'es en ces temps noirs un calme et sûr asile.

Tout s'y concentre et ta ferveur et ta clarté
Et tes gestes groupant les fleurs de ta bonté ;
Mais tout y est serré dans une paix profonde
Contre les vents aigus trouant l'hiver du monde.

Mon bonheur s'y réchauffe en tes bras repliés ;
Tes jolis mots naïfs, joyeux et familiers
Chantent toujours aussi charmants à mon oreille
Qu'aux temps des lilas blancs ou des rouges groseilles.

Ta bonne humeur allègre et claire, oh ! je la sens
Triompher jour à jour de la douleur des ans,
Et tu souris toi-même aux fils d'argent qui glissent
Leur onduleux réseau parmi tes cheveux lisses.

Quand ta tête s'incline à mon baiser profond,
Que m'importe que des rides marquent ton front
Et que tes mains se sillonnent de veines dures
Alors que je les tiens entre mes deux mains sûres !

Tu ne te plains jamais et tu crois fermement
Que rien de vrai ne meurt quand on s'aime dûment,
Et que le feu vivant dont se nourrit notre âme
Consume jusqu'au deuil pour en grandir sa flamme.

XII

Les fleurs du clair accueil au long de la muraille
Ne nous attendent plus quand nous rentrons chez nous,
Et nos étangs soyeux dont l'eau plane s'éraille
Ne se prolongent plus sous les cieux purs et doux.

Tous les oiseaux ont fui nos plaines monotones
Et les pâles brouillards flottent sur les marais;
O ces deux cris: automne, hiver! hiver, automne!
Entends-tu le bois mort qui choit dans la forêt?

Notre jardin n'est plus l'époux de la lumière
D'où l'on voyait les phlox vers leur gloire surgir;
Nos violents glaïeuls sont mêlés à la terre
Et longuement s'y sont couchés pour y mourir.

Tout est sans force et sans beauté; tout est sans flamme
Et passe et fuit et penche et croule sans soutien;
Oh! donne-moi tes yeux qu'illumine ton âme
Pour y chercher quand même un coin du ciel ancien.

C'est en eux seuls qu'existe encor notre lumière,
Celle qui recouvrait tout le jardin jadis
A l'heure où s'exaltait l'orgueil blanc de nos lys
Et l'ascendante ardeur de nos roses trémières.

XIII

Lorsque s'épand, sur notre seuil la neige fine,
    Au grain diamanté,
J'entends tes pas venir rôder et s'arrêter
    Dans la chambre voisine.

Tu retires le clair et fragile miroir
    Du bord de la fenêtre,
Et ton trousseau de clefs balle au long du tiroir
    De l'armoire de hêtre.

J'écoute et te voici qui tisonnes le feu
    Et réveilles les braises;
Et qui ranges autour des murs silencieux,
    Le silence des chaises.

Tu enlèves de la corbeille aux pieds étroits
    La fugace poussière,
Et ta bague se heurte et résonne aux parois
    Frémissantes d'un verre.

Et je me sens heureux plus que jamais, ce soir,
    De ta présence tendre,
Et de la sentir proche et de ne pas la voir,
    Et de toujours l'entendre.

XIV

Si le sort nous sauva des banales erreurs
Et du mensonge vil et de la triste feinte,
C'est que toujours nous révolta toute contrainte
Dont le joug eût ployé notre double ferveur.

Tu marchas libre et franche et claire sur ta route
Mêlant aux fleurs d'amour tes fleurs de volonté,
Et redressant vers toi doucement sa fierté
Quand mon front s'inclinait vers la crainte ou le doute.

Et toujours tu fus bonne et de geste ingénu,
Sachant qu'elle était tienne à tout jamais mon âme ;
Car si j'aimai — le sais-je encor ? — quelque autre femme
C'est toujours vers ton cœur que je suis revenu.

Tes yeux étaient si purs alors parmi leurs larmes
Que mon être se réveillait sincère et vrai ;
Et je te répétais les mots doux et sacrés,
Et la tristesse et le pardon étaient tes armes.

Et j'endormais le soir mon front sur tes seins clairs
Heureux d'être rentré des lointains faux et blêmes
Dans le doux renouveau qui régnait en nous-mêmes
Et je restais captif entre tes bras ouverts.

XV

Non, mon âme jamais de toi ne s'est lassée!

Au temps de juin, jadis, tu me disais:
„Si je savais, ami, si je savais
Que ma présence, un jour, dût te peser,
Avec mon pauvre cœur et ma triste pensée
Vers n'importe où, je partirais."

Et doucement ton front montait vers mon baiser.

Et tu disais encor:
„On se déprend de tout et la vie est si pleine!
Et qu'importe qu'elle soit d'or
La chaine
Qui lie au même anneau d'un port
Nos deux barques humaines"

Et doucement tes pleurs me laissaient voir ta peine.

Et tu disais
Et tu disais encor:
„Quittons-nous, quittons-nous, avant les jours mauvais,
Notre existence fut trop haute
Pour se traîner banalememt, de faute en faute"
Et tu fuyais et tu fuyais
Et mes deux mains éperdûment te retenaient.

Non, mon âme jamais de toi ne s'est lassée.

Que nous sommes encore heureux et fiers de vivre
Quand le moindre rayon entr'aperçu, là-haut
Illumine un instant les pauvres fleurs de givre
Que le gel dur et fin grava sur nos carreaux.

L'élan bondit en nous et l'espoir nous emporte,
Et notre vieux jardin nous apparaît encor
Malgré ses longs chemins jonchés de branches mortes
Vivant et pur et clair et plein de lueurs d'or.

Je ne sais quoi de lumineux et d'intrépide
Se glisse en notre sang et nous réincarnons
L'immense et plein été dans les baisers rapides
Qu'avec ardeur, à corps perdu, nous nous donnons.

XVII

Subirons-nous, hélas! le poids mort des années
Jusqu'à n'être plus rien que deux tranquilles gens
Qui se donnent d'inoffensifs baisers d'enfants
Le soir, quand le feu flambe aux creux des cheminées?

Nos meubles chers nous verront-ils à pas très lents
Nous traîner du foyer jusqu'au bahut de hêtre
Nous appuyer au mur pour gagner la fenêtre
Et sur des sièges lourds tasser nos corps branlants?

Si telle un jour doit s'affirmer notre ruine,
Et la torpeur dans nos cerveaux et dans nos bras,
Malgré le sort méchant nous ne nous plaindrons pas
Et retiendrons nos pleurs captifs en nos poitrines.

Car nous conserverons quand même encor nos yeux
Pour regarder le jour dont la nuit est suivie,
Et l'aube et le soleil illuminer la vie
Et faire de la terre un objet merveilleux.

XVIII

Les menus faits, les mille riens,
Une lettre, une date, un humble anniversaire,
Un mot que l'on redit comme aux jours de naguère
Exalte en ces longs soirs ton cœur comme le mien.

Et nous solennisons pour nous ces simples choses
Et nous comptons et recomptons nos vieux trésors,
Pour que le peu de nous qui nous demeure encor
Reste ferme et vaillant devant l'heure morose.

Et plus qu'il ne convient, nous nous montrons jaloux
De ces pauvres, douces et bienveillantes joies
Qui s'asseyent sur le banc près du feu qui flamboie
Avec des fleurs d'hiver sur leurs maigres genoux.

Et prennent dans la huche où leur bonté le cèle
Le pain clair du bonheur qui nous fut partagé,
Et dont chez nous, l'amour a si longtemps mangé
Qu'il en aime, jusqu'aux parcelles.

XIX

Viens jusqu'à notre seuil répandre
Ta blanche cendre
O neige pacifique et lentement tombée:
Le tilleul du jardin tient ses branches courbées
Et plus ne fuse au ciel la légère calandre.

O neige,
Qui réchauffes et qui protèges
Le blé qui lève à peine
Avec la mousse, avec la laine
Que tu répands de plaine en plaine!
Neige silencieuse et doucement amie
Des maisons, au matin, dans le calme, endormies,
Recouvre notre toit et frôle nos fenêtres
Et soudain par le seuil et la porte pénètre
Avec tes flocons purs et tes dansantes flammes,
O neige lumineuse au travers de notre âme,
Neige, qui réchauffes encor nos derniers rêves
Comme du blé qui lève!

XX

Quand notre jardin clair dardait toutes ses fleurs,
C'était en des instants de fièvre
Que le regret d'avoir diminué nos cœurs
Nous jaillissait des lèvres,
Et le pardon offert, mais mérité toujours
Et l'étalage exagéré de nos misères
Et tant de pleurs mouillant nos tristes yeux sincères
Exaltaient notre amour.

Mais en ces mois de lourde pluie
Où tout se tasse et se réduit,
Où la clarté même s'ennuie
A refouler de l'ombre et de la nuit,
Notre âme n'est plus assez vibrante et haute
Pour confesser, avec transport, nos fautes.

Nous les disons à lente voix,
Certes avec tendresse encore;
Mais c'est au soir tombant et non plus à l'aurore;
Parfois même, nous les comptons sur nos dix doigts
Comme des choses qu'on dénombre
Et qu'on range dans la maison,
Et pour diminuer leur folie ou leur nombre,
Nous raisonnons.

XXI

Avec mes vieilles mains de ton front rapprochées
J'écarte tes cheveux et je baise, ce soir,
Pendant ton bref sommeil au bord de l'âtre noir
La ferveur de tes yeux sous tes longs cils, cachée.

Oh! la bonne tendresse en cette fin de jour!
Mes yeux suivent les ans dont l'existence est faite
Et tout à coup ta vie y paraît si parfaite
Qu'un émouvant respect attendrit mon amour.

Et comme au temps où tu m'étais la fiancée
L'ardeur me vient encor de tomber à genoux
Et de toucher la place où bat ton cœur si doux
Avec des doigts aussi chastes que mes pensées.

XXII

Si nos cœurs ont brûlé en des jours exaltants
    D'une amour claire autant que haute
L'âge aujourd'hui nous fait lâches et indulgents
    Et paisibles devant nos fautes.

Tu ne nous grandis plus, ô jeune volonté,
    Par ton ardeur non asservie,
Et c'est de calme doux et de pâle bonté
    Que se colore notre vie.

Nous sommes au couchant de ton soleil, amour,
    Et nous masquons notre faiblesse
Avec les mots banals et les pauvres discours
    D'une vaine et lente sagesse.

Oh! que nous serait triste et honteux l'avenir,
    Si dans notre hiver et nos brumes
N'éclatait point, tel un flambeau, le souvenir
    Des âmes fières que nous fûmes.

XXIII

En ce rugueux hiver où le soleil flottant
S'échoue à l'horizon comme une lourde épave,
J'aime à dire ton nom au timbre lent et grave
Quand l'horloge résonne aux coups profonds du temps.

Et plus je le redis, plus ma voix est ravie
Si bien que de ma lèvre, il descend dans mon cœur
Et qu'il réveille en moi un plus ardent bonheur
Que les mots les plus doux que j'ai dits dans la vie.

Et devant l'aube neuve ou le soir qui s'endort
Je le répète avec ma voix toujours la même
Mais, dites, avec quelle ardeur forte et suprême
Je le prononcerai, à l'heure de la mort!

XXIV

Peut-être,
Lorsque mon dernier jour viendra,
Peut-être
Qu'à ma fenêtre,
Ne fût-ce qu'un instant,
Un soleil frêle et tremblotant,
Se penchera.

Mes mains alors, mes pauvres mains décolorées
Seront quand même encor par sa gloire dorées;
Il glissera son baiser lent, clair et profond
Une dernière fois, sur ma bouche et mon front
Et les fleurs de mes yeux, pâles, mais encore fières
Avant de se fermer lui rendront sa lumière.

Soleil, ai-je adoré ta force et ta clarté!
Mon art torride et doux, de son geste suprême,
T'a retenu captif au cœur de mes poèmes;
Comme un champ de blé mûr qui houle au vent d'été
Telle page t'anime et t'exalte en mes livres,
O toi soleil qui fais éclore et qui délivres,
O toi, l'immense ami dont l'orgueil a besoin,
Fais qu'à cette heure grave, impérieuse et neuve
Où mon vieux cœur humain sera lourd sous l'épreuve
Tu sois encor son visiteur et son témoin.

XXV

Oh! tes si douces mains et leur lente caresse
Se nouant à mon cou et glissant sur mon torse
Quand je te dis, au soir tombant combien ma force
S'alourdit, jour à jour, du plomb de ma faiblesse!

Tu ne veux pas que je devienne ombre et ruine
Comme ceux qui s'en vont du côté des ténèbres,
Fût-ce avec un laurier entre leurs mains funèbres
Et la gloire endormie en leur creuse poitrine.

Oh! que la loi du temps m'est par toi adoucie
Et que m'est généreux et consolant ton songe;
Pour la première fois tu berces d'un mensonge
Mon cœur qui t'en excuse et qui t'en remercie,

Mais qui sait bien pourtant que toute ardeur est vaine
Contre tout ce qui est et tout ce qui doit être,
Et qu'un profond bonheur se rencontre peut-être
A finir en tes yeux ma belle vie humaine.

XXVI

Lorsque tu fermeras mes yeux à la lumière,
Baise-les longuement, car ils t'auront donné,
Tout ce qui peut tenir d'amour passionné
Dans le dernier regard de leur ferveur dernière.

Sous l'immobile éclat du funèbre flambeau,
Penche vers leur adieu ton triste et beau visage
Pour que s'imprime et dure en eux la seule image
Qu'ils garderont dans le tombeau.

Et que je sente, avant que le cercueil se cloue,
Sur le lit pur et blanc se rejoindre nos mains
Et que près de mon front sur les pâles coussins
Une suprême fois se repose ta joue.

Et qu'après je m'en aille au loin avec mon cœur,
Qui te conservera une flamme si forte
Que même à travers la terre compacte et morte
Les autres morts en sentiront l'ardeur !

Table des matières

Il a été tiré des „Heures du Soir" sur
les presses de la maison Spamer à
Leipzig 550 exemplaires numérotés
dont les N° 1—50 sur papier de Japon.

217